RÉSUMÉ GÉNERAL

DES PREUVES MATÉRIELLES DU FAUX,

SERVANT en même tems de *Réplique sommaire* au *Mémoire intitulé:* Réponse pour Madame DE SAINT-VINCENT.

POUR M, LE MARÉCHAL DE RICHELIEU,

CONTRE Madame DE *SAINT-VINCENT*, *VEDEL*, & autres co-*Accusés*.

LES PIECES que M. le Maréchal de Richelieu a dénoncées à la Justice, sont-elles réellement fausses?

Voilà l'objet de ce fameux Procès soumis à la Cour des PAIRS.

Pour le décider, M. le Maréchal de Richelieu

offre à la Juſtice tous les genres de preuves indiqués par l'Ordonnance * : des *titres*, des *témoins*, des *rapports* d'*Experts*. Chacune de ces preuves pourroit ſuffire : leur enſemble porte juſqu'à l'évidence, la conviction du crime, & de l'auteur de ce crime ; & c'eſt cet enſemble qui fixera ſans doute principalement l'attention des Magiſtrats.

Cependant, comme la grande reſſource de Madame de Saint-Vincent paroît être aujourd'hui d'écarter d'elle, le crime qu'elle ne peut plus diſſimuler, nous croyons devoir, en *réſumant* cette affaire, diſtinguer les preuves matérielles, d'avec les preuves morales : ce ſera principalement dans l'expoſé de ces dernieres, qu'on aura lieu de démontrer que tous les faux dont il s'agit, ſont le crime de Madame de Saint-Vincent & de ſes complices.

Nous ne nous diſſimulons pas cependant, qu'en ſéparant ces deux eſpeces de preuves, nous nous expoſons à les affoiblir. Mais cet inconvénient diſparoîtra, ſi les Magiſtrats & nos Lecteurs veulent bien ne pas oublier que les premieres preuves que nous allons raſſembler ne ſont pas les ſeules qu'ils aient à peſer, & qu'elles ne peuvent ni ne doivent point être ſéparées de celles qui feront la matiere d'un ſecond écrit.

Deux ſortes de pieces ſont arguées de faux par M. le Maréchal de Richelieu.

1°. Les billets actifs, montans à 425,000 liv., qui ont été négociés, ou dont la négociation a été tentée par Madame de Saint-Vincent.

2°. Les prétendues lettres de M. le Maréchal, que Madame de Saint-Vincent a produites pour soutenir la vérité des billets, & donner plus de poids à sa défense.

Billets actifs.

Nous l'avouerons de bonne foi : nous craignons d'abuser des momens de la Justice, lorsque nous entreprenons de rétablir les preuves de ce premier faux, qui est cependant l'objet capital de l'instruction. La preuve en est portée à un tel degré d'évidence, qu'il est impossible qu'il subsiste à cet égard un doute raisonnable. Madame de Saint-Vincent ne peut se le dissimuler. Dans son Mémoire intitulé, *Réponse* *, elle avoue *que la question n'est pas de savoir si les billets & les lettres sont fausses, mais de savoir si c'est elle qui a commis les faux ; & si elle n'a pas reçu de M. le Maréchal, & les billets, & les lettres.* Cependant, en même tems qu'elle fait cet aveu, elle ne cesse de lutter contre les preuves qui l'accablent. Il est donc nécessaire, en retraçant les preuves du faux matériel, de parcourir rapidement les objections qu'on y oppose.

* Pag. 10 & 73.

Les billets, au nombre de douze, ne sont point *écrits* de la main de M. le Maréchal. C'est un point convenu. On ne lui attribue ni le *corps des billets*, ni même la *date ;* on ne les impute ni à ses Secrétaires, ni à aucunes personnes qui lui fussent attachées ;

on fe borne à prétendre que la *fignature*, & les *bons pour*, font de fa main.

Quant aux *fignatures*, une feule preuve en démontre la fauffeté : c'eft l'identité qu'elles ont entr'elles. De ces douze fignatures, huit font abfolument & identiquement conformes ; quatre ont entr'elles la même identité qui exifte entre les huit premieres. Or il eft impoffible que la même main, quelqu'attention qu'on prenne, parvienne à tracer huit fois, ni même quatre fois, des fignatures dont les lettres foient dans une telle proportion de diftance, de largeur & de hauteur, que toutes ces fignatures s'identifient entiérement.

Peu importe de connoître le procédé par lequel ces fignatures *artificielles* ont pu être faites. Mais ce procédé n'eft malheureufement que trop fimple & trop connu : les Experts l'ont articulé : c'eft par l'effet *d'un contre-tirement, à l'aide de la tranfparence d'une vitre.*

Ils ont encore indiqué d'autres preuves de la fauffté des fignatures en queftion ; mais la reconnoiffance du *calcage* fuffit, puifque feul il démontre la fauffeté des fignatures.

Madame de Saint-Vincent effaie d'échapper à ce témoignage accablant, & fes Écrivains fe confument en differtations de toute efpece pour prouver qu'on ne doit ajouter aucune foi à des rapports d'Experts en matiere de faux. Les lieux communs dans lefquels ils fe jettent à ce fujet, & qui font la défenfe ordinaire de tous les fauſſaires, ne méritent pas même de réponſe. La Loi ne les a-t-elle pas rejettés, lorſqu'après avoir indiqué les différentes eſpeces de preuves qui peuvent concourir à démontrer le faux, elle permet aux Juges de ne les pas cumuler *s'il y échet*. Des *titres*, émanés de l'Accuſé, *la dépoſition des témoins*, enfin le *rapport des Experts*, voilà les ſources que la loi indique aux Magiſtrats pour découvrir la vérité, tant ſur le fait du faux, que ſur la recherche de celui qui l'a commis. En permettant *de ne pas cumuler ces preuves s'il y échet*, la Loi ſuppoſe donc qu'une ſeule de ces preuves peut conduire à la certitude du crime & à la connoiſſance de ſon auteur : elle veut donc que le rapport des Experts, malgré *l'incertitude de leur art*, ſuffiſe à la conviction du crime : comme elle veut qu'un Accuſé ſoit condamné ſur deux dépoſitions, quoiqu'elle connoiſſe tout le danger de la preuve teſtimoniale.

Mais toutes ces diſſertations ſont inutiles dans notre eſpece, par deux raiſons déciſives. 1°. M. le Maréchal cumule des preuves de tout genre. 2°. La dépoſition des Experts n'eſt point une conjecture, mais l'atteſtation d'un fait, qui, s'il eſt vrai, prouve démonſtrativement le faux. Or, ce fait, tout homme, ſans être Expert, peut le vérifier & en acquérir la certitude. Chacun peut ſe convaincre par ſoi-même de l'impoſſibilité phyſique de faire, ſi ce n'eſt par la voie du *contre-tirage*, huit ſignatures, dont l'identité ſoit auſſi parfaite que celle des ſignatures dont il s'agit.

* Pag. 19 de
fa Réponfe.

Madame de Saint-Vincent * voudroit élever des doutes fur cette identité. Le fieur Vedel a, dit-elle, *mefuré au compas toutes ces fignatures, & y a remarqué des variétés.*

L'expérience du fieur Vedel, *complice* de Madame de Saint-Vincent, ne l'emportera fans doute, aux yeux de perfonne, fur celle des Experts; en tout cas, M. le Maréchal de Richelieu fupplie les Magif-trats de répéter eux-mêmes l'expérience, foit en ap-pliquant les fignatures les unes fur les autres, foit en les mefurant au compas. Ils s'affureront aifément d'une vérité fi facile à faifir & fi témérairement dé-niée par les Accufés.

Mais, dit-on, fi les fignatures étoient calquées fur une véritable, elles feroient parfaitement femblables; cependant les Experts obfervent que la lettre *L* en eft plus alongée, que dans les fignatures ordinaires de M. le Maréchal de Richelieu.

Quelle équivoque! Les Experts ont remarqué avec raifon que M. le Maréchal n'étoit point dans l'ufage ordinaire d'alonger autant l'*L* dans fes figna-tures, & ils s'en font convaincus par l'infpeftion de plufieurs fignatures authentiques. Ils n'ont pas dit que jamais fon *L* n'étoit alongée; mais que ce n'étoit point *fon ufage ordinaire.* Que réfulte-t-il donc de ce que cette même lettre eft réguliérement & unifor-mément alongée dans les fignatures des billets? C'eft que la fignature qui a fervi au calcage étoit une de celles où M. le Maréchal s'étoit écarté de fon ufage ordinaire ; & c'eſt parce que les ſignatures de huit des billets ont été contre-tirées ſur celle-là, qu'elles préſentent un caractere uniforme, qui ne ſe trouve qu'accidentellement dans les ſignatures naturelles.

Répondrons - nous plus ſérieuſement à l'objection, que l'opération de contre - tirer une ſignature à la vitre eſt, *au dire d'un Expert auſſi honnête qu'éclairé, une choſe impoſſible ?*

Combien d'obſervations nous pourrions faire ſur les diſſertations de ce prétendu Expert, dont on cite le témoignage, ſans oſer indiquer ſon nom ? Qu'il nous ſuffiſe d'obſerver, que ce Diſſertateur ſi *éclairé* a omis la maniere la plus ſimple de faire le contre-tirement, en ne parlant point de celui qui ſe fait ſur une vitre, poſée en plan incliné. Mais faut - il donc que cette affaire devienne, en quelque ſorte, un cours de leçons publiques ſur un crime ſi dangereux & ſi facile à commettre ? Imitons plutôt la prudence d'un Expert connu, qui, écrivant, il y a cent ans, ſur une matiere ſi délicate, s'eſt contenté de dire que *ce procédé étoit connu dès-lors de tous les Experts.*

Il en cite pluſieurs exemples qui lui ont paſſé ſous les yeux & ſous ceux de la Juſtice. Eh ! qui peut en douter encore ? Une foule de perſones en ont voulu faire l'expérience ; elles ſe ſont convaincues, non-ſeulement de la poſſibilité, mais même de la facilité de l'opération (1).

____

(1) Le Lieutenant-Général de Police a ſous les yeux un faux qui lui a été dénoncé par le Député du Commerce de Lyon. C'eſt une

Il reste encore une ressource à l'Ecrivain de Madame de Saint-Vincent ; c'est de soutenir que *l'identité des signatures ne vient pas du calcage, mais de l'usage qu'on a fait d'une* GRIFFE. Cette objection qui reparoît encore , avoit été détruite sans ressource.

D'abord, pour autoriser *une griffe*, il faut un Arrêt du Conseil, & que la *matrice de cette griffe* reste dé-

---

lettre - de - change de 2500 livres , sur laquelle la signature DAVID ORIOL & *fils & Compagnie* a été contrefaite par un faussaire assez habile pour imiter par la voie du contretirement cette longue signature ; cette imitation a été si bien exécutée, que tous les Banquiers & Négocians qui connoissent la signature de cette Maison y ont été trompés. Le faussaire avoit attrappé un sieur Lietaud, Horloger, rue de Bussy, à qui il avoit fait prendre en paiement de marchandises une pareille lettre-de-change de 1500 livres. Il en avoit offert une pareille de 4000 livres à un Marchand Bonnetier. Les signatures étoient si bien contrefaites , qu'on ne le suspecta d'abord que d'avoir excroqué ces lettres-de-change. Mais pressé par ce Négociant , il avoua le faux , qu'il en étoit l'auteur, & que son procédé étoit le *contretirement à la vitre.* Comme le sieur Lietaud a été assez heureux pour recouvrer ses marchandises , il ne s'est pas donné la peine de poursuivre le faussaire ; mais celui-ci avoit tellement perdu la tête, qu'il a laissé la fausse lettre de 2500 livres chez le sieur Cagniard, Marchand de soie, rue Saint-Honoré, à qui il l'avoit été proposer pour des marchandises, & chez qui il fit sa confession. Le Député du Commerce de Lyon l'a depuis revendiquée, & l'a dénoncée à la Police pour la sûreté du commerce.

Les Journaux Anglois & Genevois du mois de Février dernier contiennent aussi la relation d'un faux célebre qui vient d'être commis à Londres par les Perraut & la femme Rudd, qui avoient contrefait la signature d'un sieur William Adair sur un billet de 15000 liv. sterling, environ 340000 livres de France, & en avoient tenté la négociation.

posée

poſée au Greffe. Or M. le Maréchal n'en a jamais demandé ni obtenu.

Il reſte donc à ſuppoſer qu'il a clandeſtinement fait faire cette griffe, exprès pour ſervir à la ſignature des billets ſuppoſés, & qu'il aura trouvé un Artiſte aſſez complaiſant pour ſe prêter à cette manœuvre.

Il faut ſuppoſer deux griffes au lieu d'une ; car dans les douze ſignatures, il y en a de deux eſpeces. Huit ont eu un même modele, & les quatre autres en ont eu un particulier.

D'ailleurs les Experts ont déclaré que toutes ces ſignatures avoient été faites à la main, & on le reconnoît à la ſeule inſpeﬆion. Dans les ſignatures imprimées avec une griffe, le trait eſt bien plus ferme ; & l'impreſſion de la griffe ſur le papier laiſſe toujours des traces qu'il eſt aiſé de reconnoître (1).

Nous nous reprochons de tant inſiſter ſur une objeﬆion qui n'a été ſoutenue d'aucune adminicule, d'aucun indice, & qui ſe réduit à une ſimple alléga-

---

(1) On diſtribue aﬆuellement dans Paris un teſtament figuré du Marquis de Gouvernet. Il imite, dit-on, parfaitement l'écriture originale. Le procédé du Graveur eſt connu. Il a commencé par *contre-tirer* : & à la *tranſparence d: la vitre*, il a tracé au crayon rouge l'écriture de l'original. Sur ces traits, il a gravé, & les copies qui ſe diſtribuent ont été imprimées ſur la gravure. Mais malgré la conformité apparente de cette gravure avec l'original, on remarque des différences ſenſibles. Les traits dans la gravure ont bien plus de fermeté & de *gaieté*, pour parler le langage de l'art ; & ſans être Expert, on juge aiſément de la différence de la copie d'avec l'original.

B

tion. Cependant voici une derniere réflexion à laquelle nous ne pouvons nous refuſer.

Parmi les lettres arguées de faux, il en eſt une qu'on prétend avoir été écrite par M. le Maréchal de Richelieu à Benaven, pour qu'il follicitât en ſon nom M. le Duc d'Aiguillon & M. le Duc de la Vauguyon en faveur du ſieur Vedel. Les Experts ont vérifié la ſignature de cette lettre. Ils ont déclaré *qu'elle étoit du même moule que celle des quatre billets.* Dès-lors ſi les quatre billets ont été ſignés avec une griffe, la lettre dont la ſignature eſt identiquement la même, doit auſſi avoir été ſignée avec cette même griffe. La conſéquence eſt néceſſaire. Cependant interrogée ſur cette lettre, art. 63 du 1er interr. Madame de Saint-Vincent a affirmé *qu'elle avoit porté cette lettre toute faite un matin à M. le Maréchal; qu'elle l'avoit prié de la ſigner; qu'il s'étoit beaucoup impatienté; il étoit,* continue-t-elle, *aſſis ſur ſon fauteil près la cheminée, & après pluſieurs ſupplications, il ſe leva, & tout debout, en s'appuyant ſur ſa table où il écrit, il la ſigna.*

Voilà donc une treizieme ſignature qui n'a conſtamment pas été *griffée.* Madame de Saint-Vincent dit *l'avoir vu faire à M. le Maréchal.* C'eſt un menſonge, puiſqu'il eſt reconnu par les Experts, que cette ſignature a été calquée comme les ſignatures des billets auxquelles elle eſt parfaitement identique. C'eſt Madame de Saint-Vincent qui a fabriqué cette ſignature par la voie du *contre-tirement;* c'eſt donc elle auſſi qui a fabriqué celle des quatre billets du même modele que la fignature de la lettre ; & c'eft elle enfin qui a fabriqué celles des huit autres billets également identiques entr'elles. Toutes ces fabrications viennent du même procédé ; & comme il eft démontré & même avoué que la fignature de la lettre n'a pas été faite à la griffe, il fuit néceffairement que les fignatures des billets ne font pas non plus *griffées*.

La preuve du faux des billets eft donc concluante *pour les fignatures ;* refte les *bons pour.*

C'EST ICI que Madame de Saint-Vincent croit triompher. Les *bons pour* ne peuvent pas être contre-tirés, dit-elle. J'ai pu avoir des modeles pour les fignatures ; où en aurois-je pris pour les *bons pour ?*

Nous pourrions nous contenter de répondre : Le modele des lettres & des mots qui compofent cette partie du faux, a pu être pris dans les billets & autres écritures de M. le Maréchal, que Madame de Saint-Vincent avoit dans fes mains. Les mots *bon, pour, vingt, trente, mille* & *livres,* ont pu très-aifément fe trouver dans une correfpondance de plufieurs années. Chacun de ces mots tirés des lettres, a pu enfuite facilement fe contretirer. L'Expert, dont on a déjà parlé, cite un exemple d'un faux de cette efpece, commis il y a cent ans : l'écrit contenoit 6 à 7 lignes, & tous les mots avoient été pris çà & là dans des écritures véritables fur lefquelles on les avoit calqués. Le faux des *bons pour* a été bien moins difficile.

Mais Madame de Saint-Vincent prête aux Experts une décifion qu'ils n'ont point donnée : elle fuppofe qu'ils ont décidé que toute l'opération du faux avoir été faite par contretirement. Ils ont dit au contraire que les faux avoient été commis *en partie par contretirement*, en partie par une *imitation* groffiere ; ce qu'ils ont reconnu par les différences de caractere, les tremblemens, & d'autres circonftances qui font détaillées dans leur rapport.

Au refte, fi les fignatures n'émanent point de M. de Richelieu, certainement il n'a pas fait les *bons pour*. Les preuves que nous avons déjà données & que nous donnerons par la fuite, du fait que les fignatures appartiennent à Madame de Saint-Vincent, & qu'elles ne peuvent appartenir qu'à elle, acheveront de démontrer que les *bons pour* font également le fruit de fes rares talens.

Les autres remarques de l'Auteur des *Réponfes* fur l'avis des Experts, ne méritent pas de réponfe. Il s'étonne de ce que ces Experts parlent *d'ufage & de décence* : qu'ils foient frappés de la fingularité de tous les *chiffons de papier* qui ont fervi à la plupart des lettres arguées de faux, dont quelques-unes n'ont même que la moitié de la feuille. Il ne leur pardonne pas d'avoir obfervé que le *cachet* de M. le Maréchal ne fe trouve fur aucune de ces lettres, & qu'aucune même de celles reçues à Poitiers ne porte *l'empreinte du timbre de la Pofte.*

Ce n'eſt ſans doute que la critique de cet Ecrivain ſur des réflexions ſi naturelles & ſi judicieuſes, qui doit étonner. Au ſurplus, les Magiſtrats ont ces Rapports ſous les yeux : ils les liront en entier ; & en les combinant, ils ſe convaincront, & de la juſteſſe de l'avis des Experts, & de la fauſſeté des contradiɔtions qu'on leur reproche. S'il s'y trouve des inutilités, ſi la conviɔtion du faux, ſi l'indignation qu'il a dû exciter chez ces Citoyens honnêtes, leur a fait joindre quelque raiſonnement moral à la diſſertation technique, peut-on leur en faire un crime, & eſt-il raiſonnable d'y voir autre choſe que le deſir qu'ils ont eu d'éclairer la religion des Magiſtrats?

Dans le *Réſumé général*, qui vient d'être imprimé pour Madame de S. Vincent, par l'Auteur de ſa *Réponſe*, on ſe plaint encore vivement de ce que *les ſignatures des Experts ſont adoſſées aux ſignatures de M. le Maréchal* ſur les billets, & l'on oſe inſinuer que *cela s'eſt fait par ſon ordre*. Mais puiſque malgré cet *adoſſement des ſignatures*, on découvre encore facilement la conformité identique de celle des billets, (ce que nous metons en fait), on doit juger ſi M. le Maréchal avoit intérêt d'empêcher qu'aucun nuage obſcurcît cette vérité. Certes il n'eût pas laiſſé faire cette mal-adreſſe aux Experts, s'il eût pu la prévoir, & s'il eût été en ſon pouvoir de diriger les détails d'une inſtruɔtion qui ſe faiſoit hors de ſa préſence.

Finiſſons par la comparaiſon que l'Auteur des *Réponſes* eſſaie d'établir entre Madame de Saint-

Vincent & *un tiers de bonne foi* qui fe trouveroit faifi de *fauſſe monnoie.* Il s'applaudit du rapport de cette efpece à celle de Madame de Saint-Vincent. Mais tout ce qu'il exige pour qu'on pût condamner ce *tiers*, ne fe réunit-il pas contre fon *illuſtre infortunée?* Nous pouvons lui répondre dans fes propres termes: « Elle eſt ce tiers faifi de *fauſſe mon-* » *noie*, qu'on ne peut plus préfumer de bonne foi, » parce qu'il a *déclaré avoir reçu les pieces fauſſes d'une* » *perſonne dont l'alibi eſt prouvé à l'époque de la pré-* » *tendue remiſe :* il eſt coupable, ce tiers, puifqu'il » eſt démontré *que toutes les circonſtances qu'il allegue* » *pour fe juſtifier font fauſſes ;* puifqu'il eſt convaincu » *d'autres fabrications du même genre, deſtinées à ac-* » *créditer celles dont il s'agit :* il étoit de mauvaife » foi, puifqu'il a *donné ces fauſſes pieces pour le tiers* » *de leur valeur :* il eſt ou le fauſſaire, ou le com- » plice du fauſſaire, parce que s'il étoit innocent, » fa juſtification ne feroit pas un tiſſu de contradic- » tions, d'abfurdités & de menfonges ».

Lettres produites par Madame de Saint-Vincent.

Madame de Saint-Vincent, pour fe difculper du faux des fignatures des billets, a produit de préten- dues lettres de M. le Maréchal de Richelieu, qui ne font elles-mêmes qu'un nouveau crime.

L'une de ces fauſſes lettres a été *contre-tirée* fur une véritable. C'eſt l'ancien Procureur de Madame de Saint-Vincent, qui, en faifant le dépôt de cette fauſſe lettre, a eu l'imprudence de dépoſer auſſi l'original qu'elle lui avoit remis. Sa révocation a été la récompenſe de cette mépriſe, & il faut convenir qu'il n'étoit pas poſſible de fournir une arme plus victorieuſe à M. le Maréchal de Richelieu.

Dans l'original de la lettre, il n'étoit queſtion directement ni indirectement de billets. Mais, comme on vouloit faire ſervir la copie contretirée au ſoutien de ces billets, on y a fait trois petites additions, qui n'empêchent pas de juger, à la ſeule inſpection, que c'eſt une lettre évidemment *contre-tirée*. Les voici toutes deux exactement figurées.

Lettre véritablement écrite par M. de Richelieu.	*Lettre contrefaite ſur la véritable.*
Je ne ſeré jamais etonné *d'une étourderie* de votre part ma très chere bonne couſine mais vous ete cependant faite pour être bien aimée il me ſemble que l'interêt que vous ne devez pas douter que je prens a ce qui vous regarde meritoit un peu que *vous m'en diſiez quelque choſe mais je n'en pas a cela près avec vous* & pourvu que vous ſoyez heureuſe, je ſeré content.	Je ne ſeré jamais étonné *que vous me dites* de votre part, ma très chere bonne couſine mais vous ete cependant faite pour être bien aimée, il me ſemble que l'interêt que vous ne devez pas douter que je prends a ce qui vous regarde méritoit un peu que *vous me croyez. J'enverrai votre mandat ſi je ne pas à Paris ces jours ci* & pourvu que vous ſoyez heureuſe je ſeré content, *mais vous prendrez le tiers pour vous guider.*
Ce lun.	Ce lun.

Le calcage eſt palpable. La copie eſt dans les mêmes termes, dans la même proportion de lignes, ſi on en excepte les deux dernieres qui ſont ajoutées, & dont le caractere eſt abſolument différent. Chaque ligne commence & finit par les mêmes mots. La date eſt la même, & poſée à la même place. Il eſt vrai qu'il ne fuffit pas d'appliquer la copie fur l'original, pour voir, comme dans les fimples fignatures, tous les mots, les lignes & les lettres fe calquer. Il faut de tems en tems faire faire au papier quelque vacillation, pour retrouver la maniere dont le fauffaire a lui-même ratrappé les lignes & les mots d'un original qui ne reftoit pas toujours fous fa main dans la même fituation, & qu'il a repris à plufieurs fois. Par cette raifon, il y a des lignes qui peuvent être un peu plus longues, d'autres un peu moins.... Mais il fuffit, pour reconnoître l'opération du contre-tirement, d'obferver qu'en fuivant les mouvemens que le fauffaire a fait faire à fon papier, on retrouve toujours les mêmes mots fe calquans les uns fur les autres.

Il eft curieux de voir ce que Madame de Saint-Vincent répond à une fauffeté fi évidente. Le voici. Dans fon Mémoire intitulé *Reproches*, p. 55, elle dit: *Marion a profité de l'inattention & de la pufillanimité du Procureur de Madame de Saint-Vincent, pour* GLISSER *parmi les pieces celle dont ce rufé Intendant voudroit abufer, & qui,* PRÉSOMPTIVEMENT EST DE SA FAÇON.

Dans le Mémoire intitulé *Réponfes* [*], elle a voulu dire quelque chofe de plus vraifemblable; y a-t elle réuffi ? On va en juger. *Il eft des perfonnes, dit elle, qui font circonfcrites dans un cercle étroit d'idées & de phrafes auxquelles elles reviennent fans ceffe. Ecoutez-les parler dix fois fur le même fujet, dix fois elles répéteront la même chofe avec les mêmes mots. Lifez leurs*

lettres

[*] Page 25.

lettres, elles se ressemblent toutes. M. le Maréchal a trouvé sans doute de l'agrément ou quelqu'avantage à adopter cette maniere d'écrire, & il se l'est rendue très-familiere. A son âge, il est permis de se répéter un peu.

Laquelle de ces deux réponses, diamétralement contraires, adoptera-t-on? La premiere est un mensonge qui deviendroit, au besoin, une nouvelle preuve de faux. La seconde est le comble du ridicule. Il est impossible de croire qu'un homme, *dans quelque cercle étroit d'idées qu'on le circonscrive*, ait pu se répéter mot pour mot dans deux lettres écrites à la même personne. On peut retrouver quelquefois des tournures de phrases à-peu-près semblables, des idées pareilles; mais deux lettres absolument conformes! c'est une chose impossible. Et ce qui l'est également, c'est que ces différentes lettres se trouvent disposées de maniere que les lignes commencent & finissent toujours par les mêmes mots. Le hasard ne pourra jamais *circonscrire* tout-à-la-fois la *main* & la *tête* d'un même individu, dans un cercle, aussi ridicule au moral qu'au physique.

» Mais, dit-on, il est encore plus difficile de croire
» qu'on puisse calquer un écrit entier à la faveur
» du contre-tirement de mots, de phrases, prises çà &
» là, dans diverses lettres, former une lettre entiere,
» en former 5, en former 10, en former 20, en
» former 22!... Pour moi, cette opération me
» paroît révoltante. Quand je veux l'approfondir,
» mon imagination s'effraie & recule épouvantée...
» Le plus adroit faussaire ne pourroit l'exécuter en

» plufieurs fiecles.... Et l'on n'a pas honte de dire
» qu'une femme de la plus grande qualité, qu'une
» femme légere, frivole, qui a paffé fa vie dans un
» Couvent. »... *?

* Pag. 17 & 18.

Voilà les raifonnemens de l'Auteur des *Réponfes*. Des points d'admiration & d'interrogation, des réticences accumulées les unes fur les autres, font l'effet magique du ftyle de cet Ecrivain, qui protefte cependant *qu'il ne croit pas aux ouvrages de féerie*.

Nous avons déjà cité le témoignage de Ragueneau, qui attefte *avoir vu un écrit de fept à huit lignes, contrefait en entier par l'opération du contre-tirement pour lequel le fauffaire avoit pris* ÇA ET LA *dans plufieurs écritures des mots épars* & *découfus*. Il ne faut donc ni *féerie*, ni *magie*, ni des *fiecles* pour exécuter ce faux qu'a commis Madame de Saint-Vincent. Ce qu'il y a de merveilleux, c'eft que nos Adverfaires difputent éternellement fur *la poffibilité,* tandis que nous prouvons l'exécution du fait. La lettre rapportée ci-deffus répend mieux à leurs exclamations que tout ce que nous pourrions dire. Au furplus, nous ne faurions trop répéter, qu'il ne s'agit pas ici, comme on voudroit le faire entendre, d'un faux pratiqué par la feule voix du *calcage :* nous n'avons jamais dit, ni les Experts, que 22 lettres euffent été *calquées*. Une partie a été *imitée*, une autre a été *calquée*. Voilà ce qu'ont dit les Experts. On parlera, dans la feconde partie de ce Mémoire, d'une lettre fabriquée par Madame de S.-Vincent, dans laquelle elle faifoit avouer à M. le Maréchal de Richelieu qu'il avoit eu d'elle un enfant. Cette lettre n'étoit pas *calquée*, mais elle étoit fi bien imitée, que ceux qui connoiffent le mieux l'écriture de M. le Maréchal, la croyoient de lui. Elle avoit pourtant deux pages & demie, & on ne peut pas douter qu'elle ne fût fauffe, puifque M^m de S.-Vincent a avoué dans fon interrogatoire, que *M. de Richelieu ne lui avoit jamais, ni écrit, ni parlé au fujet de ce prétendu enfant.* On verra encore une autre preuve de fabrication de fa part, non moins importante & non moins démontrée. Et lorfqu'il eft prouvé qu'elle a contrefait par *imitation* deux lettres de quatre pages; lorfqu'on voit une lettre de neuf lignes évidemment *calquée,* on doutera qu'elle ait pu contrefaire des fignatures, des lettres de quatre, fix & fept lignes! Ce qu'on a fait une fois, ne peut-on donc pas le faire dix & vingt fois? La poffibilité ne peut plus être un problême, quand l'exécution eft conftante. *Ab actu ad poffe valet confequentia.*

Mais fi Madame de Saint-Vincent eût commis un pareil faux, elle n'auroit pas, dit-on, été affez imprudente pour conferver *l'original* qui a fervi au calcage, encore moins auroit-elle eu la démence de le produire?

Ce n'eft pas la premiere fois que des coupables fe trahiffent eux-mêmes par des imprudences auffi groffieres. C'eft une reffource que la Providence femble avoir ménagée à la Juftice contre l'artifice des coupables. Cette imprudence eft moins inconcevable dans l'efpece particuliere, où l'on fait que le choix des pieces produites n'a point été fait par Madame de Saint-Vincent elle-même, mais par fes Confeils auxquels elle avoit,dit-elle,remis une *caffette pleine dé pareils chiffons*. Ce Conseil tumultueux a choisi , à la hâte, ce qui lui a paru plus utile, un jour une piece,un jour une autre ; l'un a choisi celle-ci , l'autre a voulu qu'on produisît celle-là. On ne s'est pas donné la peine de comparer, de combiner ; le Procureur qui a fait ce dépôt , s'en est rapporté aux ordres du Conseil (1) , & la vérité qui ne perd jamais ses droits, triomphe par les moyens même qu'on avoit employés pour l'étouffer.

CE premier faux démontré, M. le Maréchal pouvoit se difpenfer d'entrer dans l'examen des autres lettres. S'il en est une seule fauffe , il n'en est plus aucune qui puiffe mériter foi. Mais la fauffeté de toutes ces lettres est aussi évidente que la fauffeté de la précédente.

1°. Dans plusieurs de ces lettres arguées de faux , on retrouve des phrafes entieres tirées d'autres lettres , dont M. le Maréchal n'a pas cru devoir approfondir la vérité ou la fauffeté.

2°. Dans d'autres, on trouve des phrafes entieres répétées ; circonstance qui , quoi qu'en puiffe dire l'Ecrivain de Madame de Saint-Vincent, ne permettra jamais de regarder ces lettres comme l'ouvrage de M. le Maréchal de Richelieu.

3°. On a trouvé dans les papiers des accufés un

----

(1) Il a été public dans le tems que c'est cette faute qui a fait révoquer le Procureur.

grand nombre de *fragmens* de lettres vraies ou fausses de M. le Maréchal de Richelieu ; fragmens qui ne peuvent être que les débris des originaux qui fervoient à l'opération du contre-tirement.

4°. Ces fragmens font *découpés* : ce ne font point des debris de lettres, dont la fin ou le commencement ait été emporté par le laps de tems ou un maniement continuel. La plupart font des *coupons* formés avec des ciseaux, dans lefquels des lignes, des demi-lignes & des mots, foit en haut foit en bas, ont été artiftement féparés par le même procédé.

5°. On a faifi fur le fieur Vedel des *prétendues copies de lettres* de M. le Maréchal de Richelieu, qui ne font évidemment que des projets de contrefaction. C'eft ce qui fe vérifie fpécialement par la comparaifon des fragmens de deux lettres originales qui étoient entre les mains de Madame de Saint-Vincent, & qui ont été dépofées au Châtelet par fon Procureur, avec deux copies *écrites de la main du fieur Vedel*. L'une de ces copies contient un *commencement* qui n'exifte pas dans le fragment, & *une fin* & *une date* toute différente de l'original. Le furplus eft copié mot à mot. L'autre copie commence précifément par les phrafes qui forment la fin de la vraie lettre de M. le Maréchal, & contient enfuite des additions relatives aux fables de Madame de Saint-Vincent & du fieur Vedel. A quel deffein les lettres vraies & originales ont-elles été tronquées, & n'en a-t-on dépofé que des fragmens ? Pourquoi ces copies de lettres mutilées ? Pourquoi des copies de lettres inutiles ? Pourquoi ces additions dans les copies, si ce n'étoit pas pour fabriquer d'autres originaux qui auroient efficacement servi au projet de rendre M. le Maréchal débiteur de sommes considérables ?

6°. Enfin les Experts ont remarqué dans toutes ces lettres des différences essentielles dans le caractere des traits, dans la formation des lettres, dans la maniere de poser les accents, dans la tenue de la plume, en un mot, dans le génie de l'écriture : & toutes ces différences décelent la contrefaction.

Madame de Saint-Vincent oppose à cette derniere partie de la déposition des Experts, une réflexion :

Cette différence d'écriture ruine, dit-elle, *entiérement votre systême de calcage. Vous prétendez qu'au moyen du contre-tirement à la vitre, on fait une écriture fausse parfaitement ressemblante à la véritable. Donc si ces lettres ont été calquées, elles doivent être parfaitement ressemblantes à l'écriture véritable.*

Mais d'abord, quelque parfaite que soit la ressemblance qui se trouve entre deux écritures contre-tirées, il est très-possible, & il est même inévitable que l'écriture contre-tirée porte avec elle des caracteres propres à en faire découvrir la fausseté. Les traits en doivent être moins forts, parce que l'Ecrivain qui contre-tire est obligé d'employer une plume plus affilée, pour pouvoir suivre le modele à l'aide de la transparence. L'écriture contre tirée est nécessairement moins ferme : on y distingue sans peine les différentes reprises ; la main qui échappe peut alonger un trait un peu plus. L'imitateur accoutumé à accentuer d'un certain côté , oublie par inattention d'imiter l'accent que la main dont il copie les traits s'eſt fait une habitude de tracer dans un autre ſens , &c.

Au ſurplus , nous l'avons déjà dit , notre ſyſtême & celui des Experts n'a jamais été que tous les faux aient été faits par la ſeule voie du contre-tirement. Ce que nous ſoutenons , ce que les Experts ont décidé , eſt que les faux ont été exécutés en partie par *contre-tirement* , en partie par *imitation*. Madame de Saint-Vincent a tiré dans les originaux les phraſes , les demi-phraſes , les mots qui pourroient ſervir à ſon objet. Mais il y a eu néceſſairement des choſes dont elle n'a jamais trouvé de modele dans les originaux. Elle n'y a pu trouver , par exemple , les mots de *mandat* & de *tiers* , & beaucoup d'autres. Elle a donc *contre-tiré* ce qu'elle a pu , & ſuppléé le reſte par *imitation*. C'eſt de ce mêlange artificiel que réſulte la double conséquence que tirent les Experts. Les *identités* prouvent le *calcage* ; les *différences* ſont le réſultat de l'*imitation*.

Cette même obſervation explique également les différences qui ſe trouvent quelquefois dans l'ortographe , & tout ce que nous venons de dire ſert auſſi de réponſe à cette autre objeƈtion , *qu'on n'a pas beſoin de contre-tirer une lettre véritable , quand on l'a ; & que ſi on ne l'a pas , on ne peut pas la contre-tirer.* Madame de Saint-Vincent avoit des lettres véritables ; elles ne diſoient pas ce qu'elle vouloit ; elle a formé de fauffes lettres, conformes à fes projets, non en copiant fervilement ou contre-tirant une lettre entiere, mais en prenant dans les lettres véritables, & *contre-tirant* les mots & les phrafes qui pouvoient lui fervir, & y ajoutant même des mots & des phrafes *imitées*, autant qu'il lui étoit poffible.

Elle objecte encore qu'on n'auroit pas dû prendre pour piece de comparaifon le corps d'écriture qu'on a fait faire à M. le Maréchal de Richelieu, parce qu'il a pu changer fon caractere, & même fon orthographe.

Ce corps d'écriture a été fait en préfence des Experts & des Magiftrats, aux yeux defquels M. le Maréchal de Richelieu n'auroit pas pu, fans qu'ils s'en apperçuffent, foutenir une écriture contrainte & défigurée, fur-tout dans un corps d'écriture de vingt lignes.

Mais ce qui tranche toute difficulté, c'eft que ce corps d'écriture n'eft pas la feule piece de comparaifon fur laquelle les Experts aient opéré. Ils ont eu fous les yeux des fignatures appofées au bas de pieces authentiques, & deux lettres de M. le Maréchal, prifes parmi celles mêmes *dépofées par Madame de Saint-Vincent,* & acceptées pour pieces de comparaifon. Ils avoient encore toutes les autres lettres qu'elle avoit produites, & qui n'étoient point arguées de faux. Comme ils ne trouvoient dans ces pieces aucun type de comparaifon, à l'égard des *bons vour,* ils ont cru, pour s'éclaircir, devoir exiger un corps d'écriture, dans lequel ils ont inféré les mots

qui

qui leur ont paru plus essentiels. Il n'y a rien dans toutes ces opérations que de très-régulier.

Les faux dénoncés par M. le Maréchal de Richelieu sont donc démontrés jusqu'à l'évidence.

1°. Les douze signatures apposées au bas des billets sont évidemment calquées ; leur parfaite ressemblance en est, & l'effet, & la preuve : elles sont donc fausses ?

2°. Les *bons pour* apposés au bas de ces billets, & les vingt-deux lettres produites par Madame de Saint-Vincent ne sont point non plus de la main de M. de Richelieu ; ce sont des écritures artificielles, exécutées par la double opération du *contre-tirement* & *de l'imitation*. Elles sont donc également fausses.

Mais quel est l'auteur de tous ces faux accumulés, & qui s'enchaînent les uns dans les autres ? Est-ce Madame de Saint-Vincent qui a fabriqué les billets, pour se procurer, & au sieur Vedel, une fortune qu'elle n'avoit aucun droit d'attendre de M. le Maréchal, & qui a fabriqué les fausses lettres, destinées à défendre & à couvrir son crime ? Est-ce au contraire M. le Maréchal qui a abusé une femme crédule, par des promesses chimériques, consignées dans des lettres fausses, & par des billets artistement fabriqués ?

Tel est le problême étonnant & absurde que Madame de Saint-Vincent ose élever & que ses partisans, aussi aveugles que prévenus, ne rougissent point de présenter à la Justice.

D

Nous attaquerons bientôt ce vain fantôme : il faut plus de patience que d'efforts pour le diffiper. Mais la difcuffion que nous ne tarderons pas à mettre fous les yeux du Public, achevera fans doute de porter la conviction dans les efprits les plus incrédules ; elle aura cet avantage, que les mêmes preuves que nous emploierons pour découvrir l'auteur du faux, prêteront à la réalité de ce faux un nouveau genre de lumiere & d'évidence. Les preuves morales l'emportent encore, s'il eft poffible, fur les preuves matérielles. *Signé*, LE MARÉCHAL DUC DE RICHEEIEU.

MM. {ROLLAND DE CHALLERANGE, TITON DE VILLOTRAN, } *Rapporteurs.*

Mᵉ TRONCHET, Avocat.

De l'Imprimerie de L. CELLOT, 1776.